A parábola do fariseu e do publicano

Dois homens foram ao templo para rezar:

Leia a parábola do fariseu e do publicano em Lucas, capítulo 18, versículos de 9 a 14.

A parábola coloca-nos diante de duas pessoas completamente diferentes: um fariseu, seguidor fiel da Lei de Deus, e um publicano, cobrador de impostos, malvisto pelos demais. O primeiro considera-se um homem justo, impecável, que não tem nada para ser perdoado; e, portanto, em vez de se dirigir a Deus e pedir-lhe que se torne cada vez melhor, não faz outra coisa senão elogiar as próprias qualidades, mostrando-se orgulhoso, vaidoso, desprezando aqueles que julga ter pouca importância. O publicano, de joelhos, reconhece todas as suas faltas e não tem sequer coragem de levantar o olhar para Deus – ao contrário do fariseu que, para rezar, fica em pé, para fazer-se notar por todos –, e as únicas palavras que consegue pronunciar são as de pedido de perdão. A parábola nos ensina dois grandes valores: a humildade e a oração feita com o coração. Devemos ser capazes de reconhecer os nossos limites, os nossos defeitos, evitando julgar os outros. Somente assim poderemos ser apreciados por Deus e acolhidos em seus braços de Pai.

Vamos aprender brincando

O teste
Com os meus amigos...

🟧 *Conto vantagens das minhas coisas?*
🟦 *Sou discreto em tudo aquilo que faço?*

> *Responda as três perguntas e, pelas suas respostas, verifique qual cor predomina. Você descobrirá com qual dos dois personagens mais se parece.*

Quando rezo na igreja...

🟧 *Ocupo os primeiros bancos, de modo que todos possam me ver?*
🟦 *Presto atenção à missa e às palavras do padre.*

Nas ações de cada dia...

🟧 *Não erro nunca, faço sempre a coisa certa.*
🟦 *Reconheço os meus limites e, quando preciso, peço ajuda.*

🟦🟦🟦 *Você age como um publicano. Reconhece seus erros e pede perdão a Deus.*
🟧🟦🟦 *Você está no caminho certo, mas às vezes não é humilde o bastante.*
🟧🟧🟦 *Você ainda precisa melhorar, pois muitas vezes é orgulhoso demais.*
🟧🟧🟧 *Você age como um fariseu. Reveja suas atitudes.*

Os sentimentos

Depois de ter lido a parábola, atribua a cada personagem aqueles sentimentos que os distinguiram.

hipocrisia

humildade

simplicidade

vaidade

delicadeza

modéstia

falsidade

orgulho

Resposta: fariseu (hipocrisia, vaidade, falsidade, orgulho) e publicano (humildade, modéstia, delicadeza, simplicidade)

Vamos aprender brincando

As testemunhas

Você conhece estes personagens? Eles foram grandes testemunhas de Deus, mas nunca se orgulharam das obras que fizeram, mostrando-se sempre muito humildes. Escreva o nome de cada um e, depois, pinte de amarelo a moldura de quem se tornou santo, e de azul as restantes.

1

2

3

Irmã Dulce
Gandhi
Pio de Pietrelcina
João Paulo II
Teresa de Calcutá
Francisco de Assis

4

5

6

Resposta: 1) Papa João Paulo II; 2) São Francisco de Assis (santo); 3) Irmã Dulce; 4) Padre São Pio de Pietrelcina